KB158482

학습 일차	영역	내용	쪽수
1일차	동물과 식물	들어가기	10~11쪽
		바다거북과 땅거북	12~13쪽
2일차		빼꾸기	14~15쪽
		잠자리	16~17쪽
3일차	과학	꽃 이름	18~19쪽
		들어가기	20~21쪽
		중력	22~23쪽
		발명품	24~25쪽
4일차		전기 기구	26~27쪽
		낮과 밤	28~29쪽
5일차		들어가기	30~31쪽
		땅지	32~33쪽
	지역 사회	밤에 일하는 사람	34~35쪽
6일차		인터넷	36~37쪽
		쓰레기	38~39쪽
7일차		들어가기	40~41쪽
		단오	42~43쪽
	우리 문화	돌잔치	44~45쪽
8일차		용순아 물들이기	46~47쪽
		해태	48~49쪽
9일차		들어가기	50~51쪽
		인형극	52~53쪽
	예술	발레	54~55쪽
10일차		색깔의 느낌	56~57쪽
		피아노	58~59쪽
11일차	되짚어 보기		66~75쪽

날마다 공부하고 붙임 딱지를 붙이세요.

똑똑한 우아독해

2단계

3 지식글

- 동물과 식물, 과학, 지역 사회, 우리 문화, 예술에 관한 지식글을 읽습니다.

- 지식글의 중심 글감과 세부 내용을 파악하는 독해 훈련을 합니다.

- 세부 내용을 파악하면 글에서 설명하고 있는 정보를 정확히 알 수 있습니다.

내 이름 :

웅진주니어

독해력은 사고력과 학습 능력의 핵심

 독해력이란 무엇일까요?

독해는 단순히 글자를 읽는 것이 아닙니다. 글을 읽으면서 글에 담긴 뜻과 맥락적 의미를 이해하는 것입니다. 독해력이란 글의 의미를 빠르고 정확하게 파악하는 능력으로, 독해력을 키우면 책을 읽는 속도뿐만 아니라 다방면의 학습 능력이 향상됩니다. 그런데 독해력은 책을 무조건 많이 읽는 것보다, 글을 제대로 읽고 이해하는 훈련을 통해 길러집니다.

 왜 유아에게 독해력이 중요할까요?

하나, 어릴 때부터 책을 즐겨 읽게 됩니다.

책을 읽으면서 기쁨과 슬픔을 느끼고 감동을 얻으려면 단순히 글자를 읽는 것이 아니라 글자와 문장에 담긴 뜻을 정확히 파악할 수 있어야 합니다. 즉, 독해력이 밑받침되지 않으면 책을 읽는 것 자체가 매우 지루하고 고통스런 행위가 될 수밖에 없습니다. 이렇게 책 읽는 즐거움을 느끼지 못하는 아이는 점점 책을 멀리하고, 그에 따라 독해력은 더 떨어지는 악순환이 거듭됩니다.

둘, 낱말에 대한 흥미를 키워 어휘력이 발달합니다.

글을 읽고 내용을 이해하는 과정에서 한 낱말의 다양한 쓰임새와 여러 낱말들 간의 상관관계를 자연스럽게 익히므로 어휘력이 향상됩니다. 낱말에 대한 새로운 발견은 곧 낱말로 이루어진 글에 흥미를 불러일으키며, 어렵고 낯선 낱말과 문장에 도전할 수 있는 자신감을 키워 줍니다. 이렇게 낱말에 대한 흥미와 자신감을 가진 아이는 독서에 많은 관심을 보이며 발표력도 좋아집니다.

셋, 사고력을 길러 주고 의사소통 능력을 향상시킵니다.

눈으로는 글과 그림을 보고, 입으로는 크게 소리 내어 읽고, 귀로는 그 소리를 들으면서 아이는 머릿속으로 글의 내용을 파악하게 됩니다. 이러한 종합적인 자극과 사고 활동은 대뇌와 연결되어 사고력을 향상시키며, 다양한 의사소통 능력을 길러 줍니다.

넷, 독해력은 공부하는 능력의 핵심입니다.

모든 공부는 읽기에서 시작됩니다. 수학이나 과학도 지식의 내용을 정확히 이해하지 못하면 문제를 제대로 해결할 수 없습니다. 독해력은 공부하는 능력의 핵심이기 때문입니다. 따라서 독해력이 부족한 아이는 공부하는 능력과 학업 성취도가 떨어질 수밖에 없습니다.

● **유아의 독해력 기초를 잡아 주는 길잡이가 됩니다.**

- 유아가 일상생활 속에서 글을 접하는 환경(광고지, 포스터, 이야기책, 지식책 등)을 고려하여 글을 선정했습니다.

- 성격이 비슷한 글(생활글, 이야기글, 지식글)끼리 묶어 구성했습니다.

- 글에 알맞은 읽기 전략을 통해 올바른 독해 방법을 훈련합니다.

- 독해 단계에 맞추어 체계적으로 학습할 수 있습니다.

제시문을 읽기 전	• 낭독하기를 통해 독해 학습을 준비합니다. • 그림을 보면서 글 내용에 대해 상상하고 배경지식을 끄집어내어 사고를 활성화시킵니다.

↓

제시문을 읽는 동안	• 눈으로 보고, 입으로 크게 소리 내어 읽고, 귀로 들으면서 글 내용에 집중합니다.

↓

제시문을 읽은 뒤	• 읽기 전략에 따른 독해 활동을 통해 제시문의 내용을 파악합니다. • 글을 반복해 읽으면서 자연스럽게 글 내용을 기억합니다.

- 학습을 모두 끝내면 평가를 통해 아이의 학습 성취도를 곧바로 확인할 수 있습니다.

● **다양한 글에 흥미를 갖게 되어 폭넓은 독서의 기틀이 마련됩니다.**

- 아이가 평소에 흔히 접하는 글에 관심을 갖게 합니다.

- 주위 사람들과 대화할 수 있는 이야깃거리를 제공하여 의사소통의 길잡이가 됩니다.

- 다양한 소재의 글을 통해 주변 사물과 현상에 대해 호기심을 갖게 합니다.

● **유아의 개인차를 고려하여 수준별 학습을 할 수 있습니다.**

- 총 3단계 학습 과정을 아이의 수준에 따라 자율적으로 조절할 수 있습니다.

- 초등학교 1학년 교과 과정과 연계된 교재로, 학교 입학 후 빨리 적응할 수 있습니다.

김용한

서울초등국어교과교육연구회 회장 역임

(전)서울 신서초등학교 교장

한국글짓기지도회 회장 역임

5, 6차 국어과 교육 과정 심의 위원, 교과서 및 교사용 지도서 집필

7차 국어과 교과서 연구 위원

7차 개정 국어 교과서 심의 위원

이 책의 구성, 꼼꼼 들여다보기

 낭독하기

시와 산문에서 가려 뽑은 글을 크게 소리 내어 여러 번 읽습니다. 2단계에서는 아이들이 좋아하는 동물과 달, 궁궐에 대한 글을 실었습니다. 학습을 시작할 때는 항상 낭독하기 활동부터 하도록 이끌어 주시고, 활동을 끝낸 뒤에는 아이와 함께 붙임 딱지를 붙이면서 많이 칭찬하고 격려해 주세요.

● **또박또박 읽기**
동시를 큰 소리로 또박또박 읽도록 해 주세요.

● **바르게 읽기**
발음에 주의하면서 글을 정확하게 읽도록 해 주세요. 특히 예시로 제시된 발음은 조금 더 주의해서 읽게 해 주세요.

● **느낌 살려 읽기1**
모양과 소리를 흉내 내는 말의 느낌을 충분히 살리며 읽도록 해 주세요.

● **느낌 살려 읽기2**
누군가와 이야기를 나누듯 자연스럽게 읽도록 해 주세요.

 들어가기

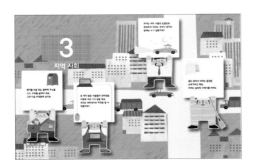

영역별로 어떤 내용의 글이 나올지 한눈에 살펴볼 수 있습니다. 2단계는 동물과 식물, 과학, 지역 사회, 우리 문화, 예술 영역으로 이루어졌습니다. 각 영역에 해당하는 주제와 소재를 살펴보면서 아이가 이미 알고 있는 지식을 새롭게 끄집어내어 재미와 호기심을 느낄 수 있도록 이끌어 주세요.

제시문과 독해 활동

2단계에서는 영역별로 4개의 제시문이 나오며, 하나의 제시문을 읽고 2~3개의 독해(글을 읽고 내용 파악하기) 문제를 풀어 봅니다. 모든 활동이 끝난 뒤에는 아이와 함께 '참 잘했어요!' 붙임 딱지를 붙이면서 많이 칭찬해 주세요.

제목
제시문의 중심 글감을 나타냅니다.

독해 활동
독해력을 기르려면 글을 제대로 읽는 방법을 반복해서 훈련해야 합니다. 지식글의 독해에서는 중심 글감(소재)과 세부 내용 파악하기, 글의 구조 파악하기, 글의 주제 파악하기가 중요합니다. 2단계는 독해에 익숙해지는 단계이므로 문장의 의미를 정확하게 구별하기, 정보를 읽고 순서대로 재배열하기, 글의 내용을 표로 정리하기 등의 문제를 통해 독해하는 방법을 훈련합니다.

제시문
2단계 제시문은 아이들이 긴 글에 대한 독해 능력을 기를 수 있도록 문장이 1단계보다 길어지고, 글도 6~8줄 정도로 구성했습니다. 제시문을 읽기 전에 그림을 보면서 제시문의 내용을 상상해 본 뒤, 소리 내어 읽도록 합니다.

 ## 되짚어 보기

5개의 영역별로 1개씩의 제시문을 읽고, 독해 문제를 풀어 보면서 앞에서 학습한 독해 능력을 스스로 평가합니다.

초승달

서재환

얄미운 생쥐가
하늘에도 사나 봐요.

낮에는 숨었다가
밤만 되면 야금야금

둥근 달
다 갉아먹고
손톱만큼 남겼어요.

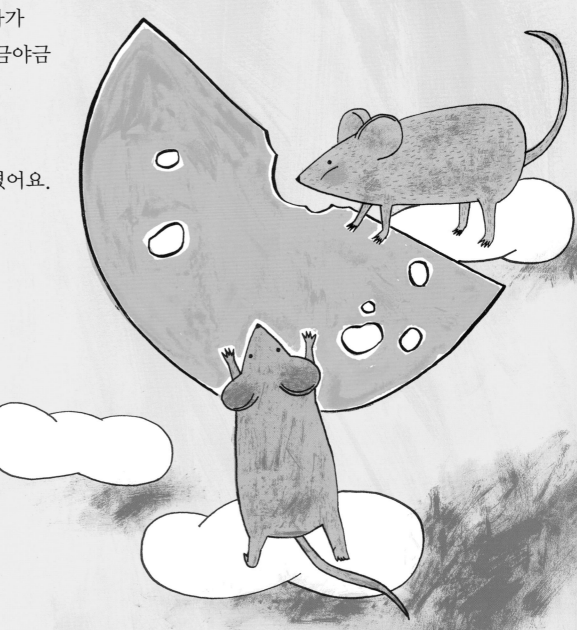

임금님의 집 창덕궁

최재숙

궁궐은 임금님의 집이야.
뒤로는 산이 두르고 앞으로는 물이 흐르는
좋은 곳에 지었지.
임금님은 궁궐에서 나라를 다스렸어.
북악산 응봉 아래에 있는 창덕궁에 가 봤니?
창덕궁은 가장 많은 임금님이 살았던 곳이야.
자연과 잘 어우러진 아름다운 궁궐이지.

※ 바르게 읽기
앞으로는 [아프로는]
살았던 [사란떤]

「임금님의 집 창덕궁」 웅진주니어
아이들이 읽기 편하도록 문장을 일부 고쳐 썼습니다.

토끼

이진호

아카시아 잎을 물고
호물호물

두 눈이 말똥말똥
잘도 먹지요.

클로버 잎을 물고
사각사각

두 귀가 쫑긋쫑긋
잘도 먹지요.

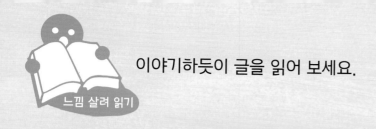

하마는 엉뚱해

허은실

크아아아아아!
우아! 커다란 수박 다섯 통은 들어가겠다.
하마야, 너 하품하니?
아냐, 아냐.
졸려서 하품한 게 아냐.
우리 아기한테 다가오지 말라고 겁주는 거야.
입이 큰 하마가 힘도 센 법!
어디, 누구 입이 큰가 한번 대 볼래?

「하마는 엉뚱해」웅진주니어

동물과 식물

거북은 땅에 사는 것도 있고,
바다에 사는 것도 있어요.

바다거북과 땅거북은
무엇이 다르지?

바다거북과 땅거북

큰 소리로 글을 읽고, 물음에 답하세요.

거북 중에는 바다거북과 땅거북이 있어요.
둘 다 등딱지가 있고, 땅속에 알을 낳지요.
그렇지만 바다거북은 바닷속에서 살고,
땅거북은 땅 위에서 살아요.
바다거북은 다리가 지느러미 모양이라서
헤엄을 잘 쳐요. 땅거북은 다리가 튼튼하고,
발톱이 있어서 땅 위를 잘 기어 다니지요.

1 무엇과 무엇을 비교하는 글인가요? 알맞은 것을 모두 골라 ○ 하세요.

바다거북   토끼   땅거북

2 어떤 동물에 대한 설명인가요? 빈칸에 알맞은 붙임 딱지를 붙이세요. 둘 다에 대한 설명이면 두 칸에 모두 붙이세요.

	바다거북	땅거북
바닷속에 살아요.		
땅 위에 살아요.		
잘 기어 다녀요.		
헤엄을 잘 쳐요.		
등딱지가 있어요.		
다리가 지느러미 모양이에요.		
발톱이 있어요.		
땅속에 알을 낳아요.		

뻐꾸기

큰 소리로 글을 읽고, 물음에 답하세요.

뻐꾸기는 둥지를 짓지 않고 다른 새의 둥지에 몰래 알을 낳아요. 그러면 둥지 주인이 뻐꾸기 알을 자기 알인 줄 알고 품어요.
알에서 깬 새끼 뻐꾸기는 원래 있던 알을 둥지 밖으로 떨어뜨려요. 그러고는 혼자서 먹이를 받아먹으며 쑥쑥 자라지요.

1 어떤 동물에 대한 글인가요? 알맞은 것에 ⭕ 하세요.

비둘기

뻐꾸기

부엉이

14

2 뻐꾸기는 어디에 알을 낳나요? 알맞은 곳에 붙임 딱지를 붙이세요.

얕은 물속

단단한 바위 위

다른 새의 둥지

3 새끼 뻐꾸기는 원래 있던 알을 어떻게 하나요? 알맞은 것의 □ 안에 V표 하세요.

엉덩이로 깔고 앉아요.

둥지 밖으로 떨어뜨려요.

부리로 콕콕 쪼아요.

잠자리

참 잘했어요!

고추잠자리는 물속에 알을 낳아요.
알에서 나온 애벌레는 물속에서 작은 물고기나
곤충을 잡아먹으며 살아요. 애벌레는 물속에서
자라는 동안 껍질을 14번 벗어요. 다 자란
애벌레는 물 밖으로 나와 마지막으로 껍질을 벗어요.
그러면 날개 달린 어른 고추잠자리가 되어요.

1 어떤 동물에 대한 글인가요? 알맞은 것에 ⭕ 하세요.

고추잠자리

무당벌레

호랑나비

2 고추잠자리에 대한 설명으로 맞으면 ○ 칸을, 틀리면 ✕ 칸을 색칠하세요.

나무 위에 알을
낳아요.

애벌레는 물속에서
살아요.

애벌레는 껍질을
벗어요.

3 고추잠자리가 자라는 순서에 알맞게 □ 안에 숫자를 쓰세요.

1

고추잠자리가 알을 낳아요.

어른 고추잠자리가 되어요.

애벌레가 껍질을 벗어요.

알에서 애벌레가 나와요.

꽃 이름

큰 소리로 글을 읽고, 물음에 답하세요.

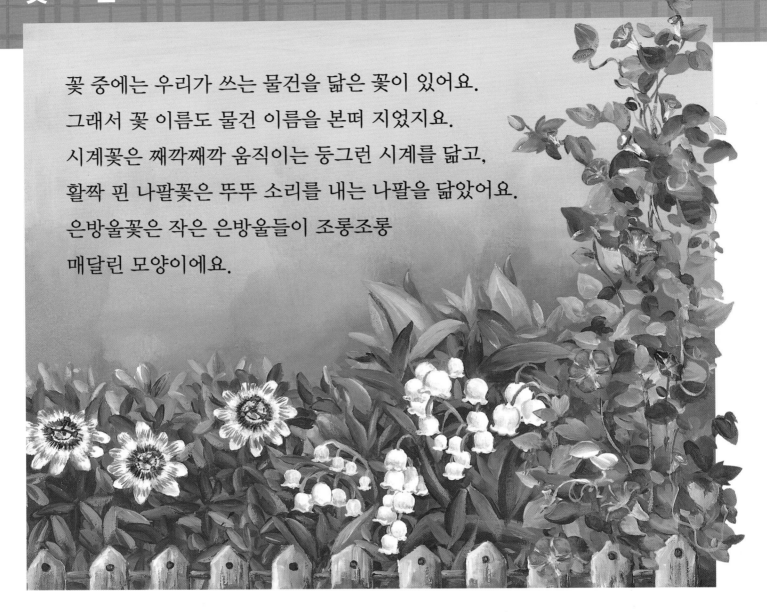

꽃 중에는 우리가 쓰는 물건을 닮은 꽃이 있어요.
그래서 꽃 이름도 물건 이름을 본떠 지었지요.
시계꽃은 째깍째깍 움직이는 둥그런 시계를 닮고,
활짝 핀 나팔꽃은 뚜뚜 소리를 내는 나팔을 닮았어요.
은방울꽃은 작은 은방울들이 조롱조롱
매달린 모양이에요.

1 무엇에 대한 글인가요? 알맞은 것에 ⭕ 하세요.

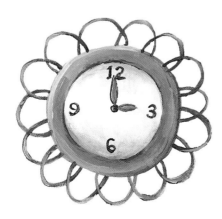

꽃 모양 물건

장난감 꽃

물건을 닮은 꽃

18

2 꽃과 닮은 물건을 알맞게 줄로 이으세요.

은방울꽃　　　　　　　나팔꽃

숟가락　　　　은방울　　　　나팔　　　　북

3 시계꽃은 무엇을 닮았나요? 알맞은 것을 골라 색칠하고, □ 안에 쓰세요.

시계　　　　　접시

2

과학

만약 지구가 잡아당기지 않으면 어떻게 될까?

지구는 보이지 않는 힘으로 우리를 잡아당기고 있어요.

지구에는 낮과 밤이 있어요.
낮과 밤은 왜 생길까요?

여기 밤!

여기 낮!

우리는 편리한 도구를 쓰고 있어요.
이런 도구들은 무엇을 보고
만들었을까요?

전기 기구는 전기를 써서 움직여요.
전기 기구는 어떤 일을 할까요?

전기 기구를 만질 땐
항상 조심!

오리발이랑 닮았지?

하늘을 향해 공을 힘껏 던져도 공은 아래로 떨어져요. 빗방울, 나뭇잎도 언제나 아래로 떨어져요. 지구가 잡아당기기 때문이에요. 이렇게 지구가 잡아당기는 힘을 중력이라고 해요. 중력이 없다면 우리는 땅 위에 서 있지 못하고, 둥둥 떠다닐 거예요. 중력 덕분에 땅 위를 걸어 다닐 수 있지요.

1 무엇에 대한 글인가요? 알맞은 것에 ◯ 하세요.

| 하늘 | 중력 | 공 |

2 중력에 대한 설명으로 맞으면 ◯ 풍선을, 틀리면 ✕ 풍선을 색칠하세요.

공을 위로 던지면
아래로 떨어져요.

빗방울은 풍선처럼
위로 둥실 올라가요.

중력 덕분에 땅
위를 걸어 다녀요.

3 중력은 누가 잡아당기는 힘인가요? 알맞은 것에 ◯ 하고, ☐ 안에 쓰세요.

지구

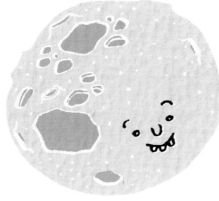

달

해

발명품

큰 소리로 글을 읽고, 물음에 답하세요.

사람들은 동물의 생김새를 본떠 편리한 물건을 만들었어요.
삽차의 삽은 두더지 앞발을 흉내 냈어요. 두더지 앞발처럼
넓적하고, 두더지 발톱처럼 끝이 갈라져 있어 땅을 잘 파요.
비행기의 날개는 새의 날개 모양을 본뜨고, 헤엄칠 때 쓰는
오리발은 물갈퀴가 있는 오리의 발을 보고 만든 거예요.

1 무엇을 본떠 만든 물건에 대한 글인가요? 알맞은 것에 붙임 딱지를 붙이세요.

식물

동물

사람

24

2 삽차의 삽은 두더지의 무엇을 본떠 만들었나요? 알맞은 것에 ◯ 하세요.

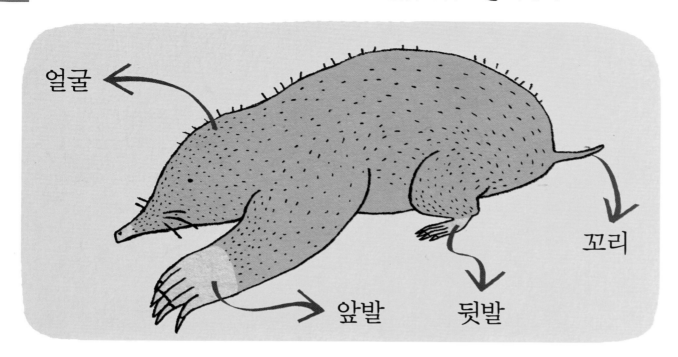

3 비행기의 날개와 오리발은 무엇을 본떠 만들었나요? 알맞게 줄로 이으세요.

비행기의 날개   오리발

새의 날개   두더지의 코   오리의 발   메뚜기의 눈

전기 기구

큰 소리로 글을 읽고, 물음에 답하세요.

우리는 날마다 전기 기구를 써요. 전기 기구는 전기로 빛이나 열을 내고, 기계를 움직여요. 형광등과 스탠드는 환한 빛을 내는 전기 기구예요. 전기밥솥, 전기다리미는 열을 내는 전기 기구예요. 전기는 선풍기나 세탁기도 움직여요.

1 무엇에 대한 글인가요? 알맞은 것에 붙임 딱지를 붙이세요.

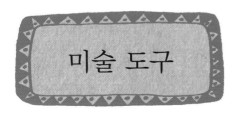
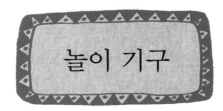
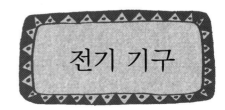

2 전기 기구가 하는 일을 모두 골라 ◯ 하세요.

빛을 내요.

화를 내요.

열을 내요.

3 쓰임이 같은 전기 기구끼리 나누려고 해요. 빈 자리에 알맞은 붙임 딱지를 붙이세요.

◎보기

형광등 선풍기 전기밥솥 전기다리미 스탠드 세탁기

빛을 내요.	열을 내요.	기계를 움직여요.

낮과 밤 큰 소리로 글을 읽고, 물음에 답하세요.

지구는 하루에 한 번씩 제자리에서 빙그르 돌아요.
이것을 자전이라고 해요. 지구가 자전을 해서
낮과 밤이 생겨요. 지구가 돌 때 해를 향한 쪽은
환한 낮이 되고, 반대쪽은 깜깜한 밤이 돼요.
그래서 우리가 한창 뛰어노는 낮일 때,
지구 반대쪽에 있는
미국의 뉴욕은 깜깜한
밤이에요.

1 무엇에 대한 글인가요? 알맞은 것에 ◯ 하세요.

날씨   계절   낮과 밤

2 낮과 밤은 왜 생기나요? 알맞은 것을 골라 색칠하세요.

지구가 잡아당겨서

지구가 자전해서

해가 자전해서

3 하루 중 밤인 곳에 붙임 딱지를 붙이고, □ 안에 '밤'이라고 쓰세요.

3

지역 사회

편지를 보낼 때는 봉투에 주소를
쓰고, 우표를 붙여야 해요.
그런 다음 우체통에 넣지요.

전 세계 많은 사람들이 인터넷을
이용해 여러 가지 일을 해요.
우리는 인터넷으로 무엇을 할 수
있을까요?

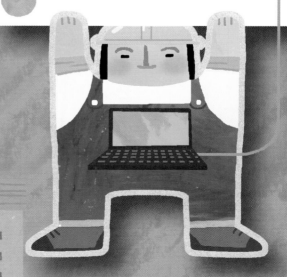

우 체 국

우리는 여러 사람의 도움으로
편리하게 지내요. 우리가 잠자는
밤에는 누가 일할까요?

필요 없어서 버리는 물건을
쓰레기라고 해요.
우리는 날마다 쓰레기를 버려요.

편지

큰 소리로 글을 읽고, 물음에 답하세요.

우체통에 넣은 편지는 우편집배원 아저씨가 꺼내서 우체국으로 가져가요. 우체국에서는 편지에 도장을 찍고, 우편 집중국이라는 아주 큰 우체국으로 편지를 보내요. 우편 집중국에서는 봉투에 쓰인 주소를 보고 같은 동네끼리 모아서 각 지역의 우체국으로 보내요. 그러면 우편집배원 아저씨가 집으로 편지를 배달해 주지요.

1 무엇에 대한 글인가요? 알맞은 것에 붙임 딱지를 붙이세요.

우표를 만드는 과정

편지가 배달되는 과정

봉투를 만드는 과정

2 누가 우체국으로 편지를 가져가나요? 알맞은 사람에 ⭕ 하고, ☐ 안에 쓰세요.

우편집배원　　　경찰관　　　소방관

3 편지가 배달되는 순서에 알맞게 ☐ 안에 숫자를 쓰세요.

집으로 편지를 배달해요.

같은 동네 편지끼리 모아요.

편지에 도장을 찍어요.

우체통에서 편지를 꺼내요.

밤에 일하는 사람

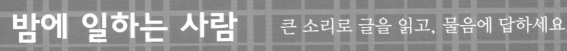

참 잘했어요!

모두가 잠든 깜깜한 밤에도 일하는 사람들이 있어요.
도로를 새로 만들고 고치는 사람, 거리를 청소하는
사람들이에요. 밤에는 차가 많이 다니지 않고,
사람도 많지 않거든요. 그래서 사람들이 불편하지
않도록 모두가 자는 밤에 일을 하지요.

1 누구에 대한 글인가요? 알맞은 것에 ◯ 하세요.

밤에 일하는 사람

밤에 공부하는 사람

밤에 자는 사람

34

2 누가 밤에도 일을 한다고 했나요? 그림에서 알맞은 사람을 골라 ◯하세요.

3 왜 밤에 도로를 고칠까요? 알맞은 것에 붙임 딱지를 붙이세요.

길에 눈이 많이 내려서　　　　길이 더러워서　　　　차와 사람이 많지 않아서

인터넷 큰 소리로 글을 읽고, 물음에 답하세요.

우리는 컴퓨터로 인터넷을 해요. 인터넷으로
재미있는 그림책이나 만화 영화를 볼 수 있지요.
놀이동산에 빨리 가는 방법이나 요리하는 방법도
알 수 있어요. 멋진 장난감이나 예쁜 옷도 살 수
있고, 멀리 떨어져 사는 할아버지와 편지를
빨리 주고받을 수도 있어요. 우리는 인터넷
덕분에 많은 일을 할 수 있지요.

1 무엇에 대한 글인가요? 알맞은 것에 ⬭ 하세요.

| 만화 영화 | 인터넷 | 라디오 |

36

2 이 글에서 인터넷으로 무엇을 할 수 있다고 했나요? 알맞은 것을 모두 골라 붙임 딱지를 붙이세요.

만화 영화를 보아요.

만화를 그려요.

맛있는 요리가 튀어나와요.

요리 방법을 알아요.

장난감을 사요.

장난감을 정리해요.

쓰레기 큰 소리로 글을 읽고, 물음에 답하세요.

쓰레기는 땅에 묻으면 썩어서 없어져요. 그런데 쓰레기가 썩으면서 나쁜 냄새와 물이 생겨 땅이 병들어요. 쓰레기가 썩는 데는 시간이 아주 많이 걸려요. 우유갑은 5년, 종이컵은 20년, 비닐봉지는 100년, 음료수 깡통은 500년이나 걸려요. 그러니까 쓰레기를 줄이고, 분리해서 버려야 해요.

1 무엇에 대한 글인가요? 알맞은 것에 ◯ 하세요.

음료수

장난감

쓰레기

2 쓰레기가 썩는 데 걸리는 시간 순서대로 빈 자리에 알맞은 붙임 딱지를 붙이고,
시간이 제일 오래 걸리는 것을 ☐ 안에 쓰세요.

우유갑

비닐봉지

3 쓰레기가 썩으면 무엇이 병드나요? 알맞은 것에 ⭕ 하세요.

땅이 병들어요.

구름이 병 들어요.

집이 병들어요.

4

우리 문화

아기가 태어나서
처음 맞는 생일에는
큰 잔치를 벌이고
돌잡이를
해요.

옛날에는 단오를 설날이나 추석만큼
큰 명절로 생각했어요.

옛날에는 봉숭아로 손톱을
예쁘게 물들였어요.

울지!

잡아라!

옛사람들은 상상 속의 동물이 나쁜
짓을 한 사람에게 벌을 준다고
믿었어요.

잘못했어요~

단오

큰 소리로 글을 읽고, 물음에 답하세요.

옛날에는 단옷날이 되면 창포물에 머리를 감았어요.
창포물에 머리를 감으면 병에 걸리지 않고, 나쁜 귀신을
쫓아낸다고 믿었거든요. 또 단옷날이면 여자들은
그네뛰기를 하고, 남자들은 씨름을 했어요.
더운 여름이 시작되기 전이라
부채를 선물하기도 했지요.

1 무엇에 대한 글인가요? 알맞은 것에 〇 하세요.

추석	단오	설날

2 단옷날에는 왜 창포물에 머리를 감았나요? 알맞은 것에 붙임 딱지를 붙이세요.

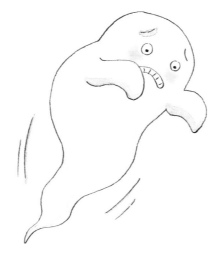

머리가 길어지려고

나쁜 귀신을 쫓아내려고

선물을 받으려고

3 그림을 보고, 단옷날 하는 것을 모두 골라 ○ 하세요.

창포물에 머리 감기

그네뛰기

씨름하기

윷놀이

연날리기

아기가 태어나서 첫 번째 맞는 생일에는 돌잡이를 해요.
돌잡이는 돌상 위에 여러 물건을 올려놓고 아기가 무엇을
잡는지로 앞날을 점쳐 보는 거예요. 쌀을 잡으면 먹을 것
걱정이 없고, 돈을 잡으면 부자가 되고, 실타래를 잡으면
오래 살고, 연필을 잡으면 공부를 잘할 거라고 생각했지요.

1 무엇에 대한 글인가요? 알맞은 것에 붙임 딱지를 붙이세요.

돌잡이

널뛰기

윷놀이

2 돌잡이에 대한 설명으로 알맞은 것에 ◯ 하세요.

엄마가 돌상 위에
놓인 물건을 치워요.

열 번째 생일에
돌잡이를 해요.

아기가 돌상 위에
놓인 물건을 집어요.

3 돌상 위의 물건이 뜻하는 것을 알맞게 줄로 이으세요.

돈

실타래

연필

오래 살아요.

부자가 되어요.

공부를 잘해요.

봉숭아 물들이기

큰 소리로 글을 읽고, 물음에 답하세요.

옛날에는 봉숭아로 손톱을 빨갛게 물들였어요. 봉숭아 물을
들이려면 먼저 봉숭아 꽃과 잎을 곱게 찧어요. 그런 다음
찧은 것을 조금 떼어서 손톱에 올려놓아요. 손톱을 잎으로
감싼 뒤 실로 꽁꽁 묶어요. 하룻밤 자고 나서 실을 풀면
손톱이 빨갛게 물들어 있어요.

1 봉숭아로 무엇을 하는 방법에 대한 글인가요? 알맞은 것에 ◯ 하세요.

꽃 맛있게 먹기

그림 그리기

손톱 물들이기

46

2 봉숭아로 물들이면 손톱이 무슨 색이 되나요? 손톱을 알맞은 색으로 칠하세요.

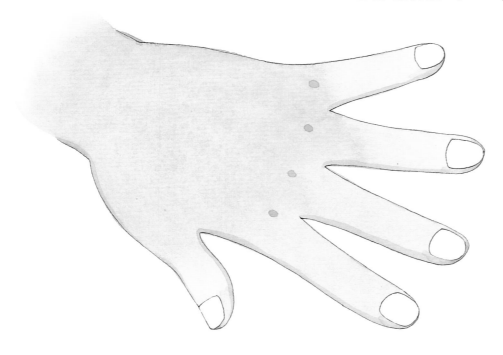

3 봉숭아 물을 들이는 순서에 알맞게 □ 안에 숫자를 쓰세요.

봉숭아 꽃과 잎을 곱게 찧어요.

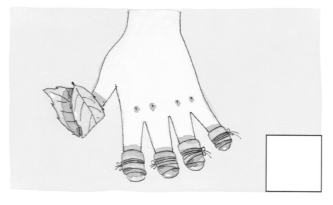

손톱을 잎으로 감싸요.

찧은 것을 손톱에 올려요.

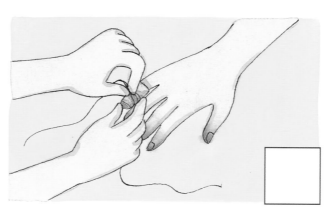

실을 풀어요.

참 잘했어요!

해태는 얼굴이 사자처럼 생기고, 머리 가운데 뿔이 달린 상상 속의
동물이에요. 해태는 옳고 그름을 가려내는 능력이 있다고 해요.
그래서 옛날에는 나랏일을 하던 사람들의 옷에 해태를 수놓았어요.
또 해태는 불과 나쁜 기운을 막아 주는 힘이 있어서 궁궐의
문 앞에 해태 조각상을 세워 두었어요.

1 무엇에 대한 글인가요? 알맞은 것에 붙임 딱지를 붙이세요.

사자   해태   용

2 해태는 어떤 능력을 가졌나요? 알맞은 것에 ⬭ 하세요.

큰불을 내는 능력

빨리 달리는 능력

옳고 그름을 가리는 능력

3 해태 조각상은 어디 앞에 세워 두었나요? 알맞은 것에 붙임 딱지를 붙이고,
□ 안에 쓰세요.

궁궐

공원

동물원

5

예술

발레 공연에서는 발레리나와 발레리노가
말 대신 멋진 춤으로 이야기를 들려주어요.

색깔은 보는 사람에게 저마다 다른 느낌을
주지요. 빨간색을 보면, 어떤 느낌이 드나요?

피아노는 아주 낮은 소리부터 아주 높은
소리까지 다양한 소리를 낼 수 있어요.

인형극에는 인형들이 나와서 말하고,
노래하고 춤추며 연극을 해요.

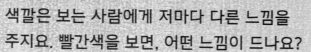

큰 소리로 글을 읽고, 물음에 답하세요.

인형으로 하는 연극을 인형극이라고 해요.
인형극에는 여러 종류가 있어요.
줄 인형극은 인형의 몸과 팔, 다리에 줄을 매달아
움직여요. 막대 인형극은 인형에 긴 막대를
달아서 움직여요. 손 인형극은 인형을 손에 끼워
움직이고, 그림자 인형극은 인형으로 그림자를
만들어서 하는 연극이에요.

1 무엇에 대한 글인가요? 알맞은 것에 붙임 딱지를 붙이세요.

| 뮤지컬 | 인형극 | 발레 |

2 인형극에 대한 설명과 인형극 종류를 알맞게 줄로 이으세요.

인형에 줄을 매달아
움직여요.

인형에 막대를
달아 움직여요.

인형을 손에
끼워 움직여요.

막대 인형극

줄 인형극

손 인형극

3 그림자 인형극을 하고 있는 친구에게 ⬭ 하세요.

인형으로 그림자를
만들어요.

까만 인형을 손으로
움직여요.

까만 옷을 입고
춤을 추어요.

발레

큰 소리로 글을 읽고, 물음에 답하세요.

발레는 아름다운 음악에 맞춰 춤으로
이야기를 표현하는 거예요.
발레를 하는 여자 무용수는 발레리나,
남자 무용수는 발레리노라고 해요.
발레리나는 주름이 많이 잡힌
튀튀라는 치마를 입고, 토슈즈라는
특별한 신발을 신어요. 토슈즈는 끝이
딱딱해서 발끝으로 서서 춤을 출 수
있게 해 주어요.

1 무엇에 대한 글인가요? 알맞은 것에 ◯ 하세요.

탈춤

발레

스키

2 무용수에 대한 설명과 이름을 알맞게 줄로 이으세요.

발레를 하는 여자 무용수
●

발레를 하는 남자 무용수
●

●

발레리노

●

발레리나

3 발레리나의 옷과 신발에 대한 설명으로 알맞은 것에 붙임 딱지를 붙이세요.

주름이 많이 잡혀 있어요.

치치라고 해요.

끝이 말랑말랑해요.

토슈즈라고 해요.

발레리나의 치마

발레리나의 신발

색깔의 느낌

색깔에는 따뜻한 느낌의 색과
차가운 느낌의 색이 있어요.
빨강, 노랑, 주황은 따뜻한 색이에요.
따뜻한 색을 보면 해나 불처럼
뜨거운 것이 떠올라요. 반대로 파랑,
초록, 보라는 차가운 색이에요.
차가운 색을 보면 바다나 얼음처럼
차가운 것이 떠오르지요.

1 무엇과 무엇을 비교하는 글인가요? 알맞은 것에 ◯ 하세요.

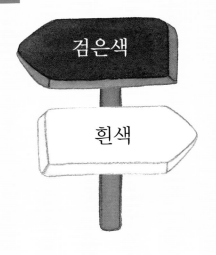

검은색
흰색

흐린 색
진한 색

따뜻한 색
차가운 색

56

2 같은 느낌의 색깔끼리 색칠해 띠를 완성하고, □ 안에 어떤 느낌의 색인지 쓰세요.

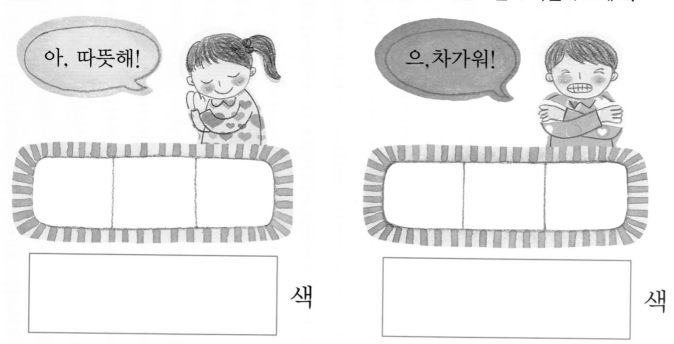

색

색

3 색깔에 어울리는 느낌을 알맞게 줄로 이으세요.

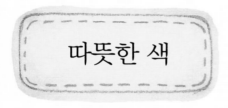

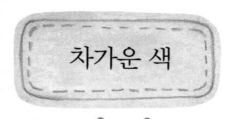

바다　　　　　해　　　　　불　　　　　얼음

피아노

큰 소리로 글을 읽고, 물음에 답하세요.

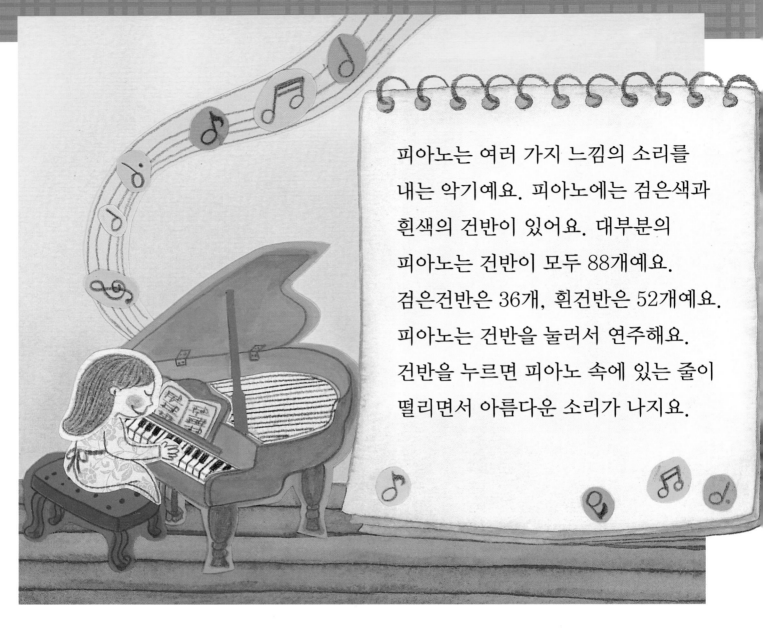

피아노는 여러 가지 느낌의 소리를
내는 악기예요. 피아노에는 검은색과
흰색의 건반이 있어요. 대부분의
피아노는 건반이 모두 88개예요.
검은건반은 36개, 흰건반은 52개예요.
피아노는 건반을 눌러서 연주해요.
건반을 누르면 피아노 속에 있는 줄이
떨리면서 아름다운 소리가 나지요.

1 무엇에 대한 글인가요? 알맞은 것에 ○ 하세요.

실로폰

피아노

북

58

2 피아노 건반에 대해 바르게 말한 아이를 모두 골라 붙임 딱지를 붙이세요.

3 피아노는 무엇을 눌러 연주하나요? 알맞은 것에 ⬭ 하고, ☐ 안에 쓰세요.

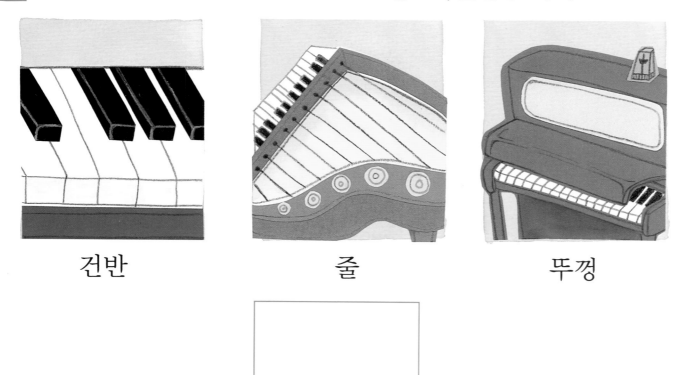

건반   줄   뚜껑

해답·부모 가이드

1장 동물과 식물 편에는 바다거북과 땅거북의 특징, 뻐꾸기의 탁란, 고추잠자리의 한 살이, 물건을 닮은 꽃에 대한 글이 나옵니다. 글감의 특성에 따라 비교 대조법, 과정법, 열거법으로 설명했습니다. 중심 글감을 묻는 문제를 통해 글의 주제를 파악하고, 세부 내용을 살피면서 정확한 독해력과 함께 다양한 지식 정보를 쌓게 합니다.

★ 12~13쪽

바다거북과 땅거북의 공통점과 차이점을 중심으로 설명(비교 대조법)한 글입니다. 표 완성하기 문제를 통해 제시문에 나온 정보를 공통점과 차이점에 따라 분류하고 조직화하는 훈련을 합니다. 이를 통해 바다거북과 땅거북의 특징을 정리해 봅니다.

★ 14~15쪽

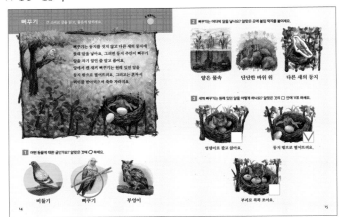

뻐꾸기가 자신의 알을 다른 새의 둥지에 낳아 대신 기르게 하는 탁란 과정을 단계에 따라 설명(과정법)한 글입니다. 이 제시문은 과정법으로 설명하되, 순서가 명확하게 구분되지 않기 때문에 세부 내용을 제대로 이해했는지 확인해 보는 독해 활동을 합니다.

★ 16~17쪽

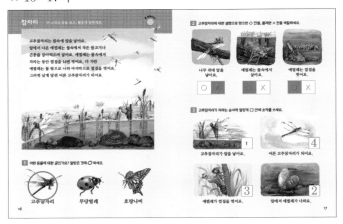

고추잠자리가 알에서 어른벌레로 성장하는 과정을 단계에 따라 설명(과정법)한 글입니다. 과정법으로 설명한 글에서는, 제시문의 내용을 순서대로 배열할 수 있는 능력이 중요합니다. 따라서 무작위로 섞여 있는 정보를 바르게 순서 짓는 훈련을 합니다.

★ 18~19쪽

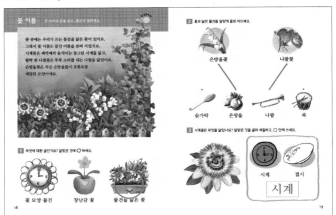

우리 주위의 물건을 닮은 꽃을 늘어놓으며 설명(열거법)한 글입니다. 열거법으로 설명한 글에서는, 제시문에 나온 내용을 바르게 찾아내는 것이 중요합니다. 관계있는 것끼리 연결 지어 보는 독해 활동을 통해 제시문의 내용을 정확히 이해하게 합니다.

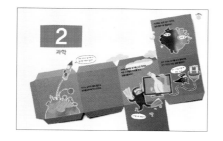

2장 과학 편에는 중력의 의미, 동물의 생김새를 본떠 만든 발명품, 전기 기구의 종류, 낮과 밤이 생기는 원리에 대한 글이 나옵니다. 글감의 특성에 따라 정의법, 열거법, 분류법, 인과법으로 설명했습니다. 2단계부터는 복합적인 설명 방법을 사용한 글이 섞여 있습니다. 중심 글감을 묻는 문제를 통해 글의 주제를 파악하고, 세부 내용을 살피면서 정확한 독해력과 함께 다양한 지식 정보를 쌓게 합니다.

★ 22~23쪽

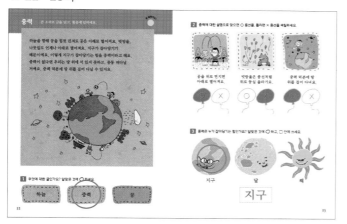

중력이 무엇인지 풀이하여 설명(정의법)한 글입니다. 정의법으로 설명한 글에서는, 제시문에 나온 용어의 개념을 정확하게 이해하는 것이 중요합니다. 빈칸 채우기와 ○ × 문제를 통해 제시문을 정확히 이해했는지 확인해 보고, 중요한 개념을 정리하는 독해 활동을 합니다.

★ 24~25쪽

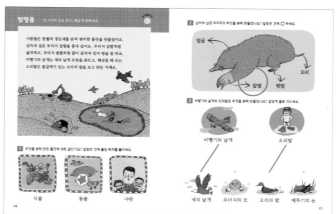

동물의 생김새를 본떠 만든 발명품을 늘어놓으며 설명(열거법)한 글입니다. 서로 관계있는 것끼리 바르게 연결 지어 보는 독해 활동을 통해 제시문의 내용을 정확히 이해하게 합니다.

★ 26~27쪽

전기 기구를 기능에 따라 나누어 설명(분류법)한 글입니다. 분류법으로 설명한 글에서는, 제시문에 나온 정보를 일정한 기준에 따라 분류하는 능력이 중요합니다. 표 완성하기 문제를 통해 제시문의 내용을 조직화하는 훈련을 합니다.

★ 28~29쪽

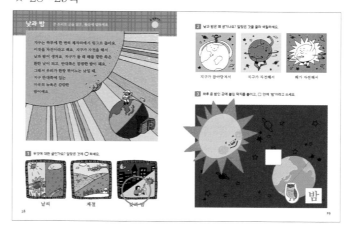

자전이 무엇인지 풀이(정의법)하고, 낮과 밤이 생기는 원리를 원인과 결과의 관계로 설명(인과법)한 글입니다. 인과법으로 설명한 글에서는, 원인과 결과의 관계를 파악하는 것이 중요합니다. 따라서 '왜'를 묻는 문제를 통해 원인을 파악하는 훈련을 합니다.

해답·부모 가이드

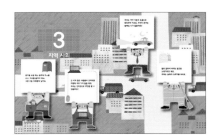

3장 지역 사회 편에는 편지가 집까지 배달되는 과정, 밤에 일하는 사람들, 인터넷의 쓰임새, 쓰레기의 문제점에 대한 글이 나옵니다. 글감의 특성에 따라 과정법, 인과법, 열거법으로 설명했습니다. 중심 글감을 묻는 문제를 통해 글의 주제를 파악하고, 세부 내용을 살피면서 정확한 독해력과 함께 다양한 지식 정보를 쌓게 합니다.

★ 32~33쪽

편지가 집까지 배달되는 과정을 단계에 따라 설명(과정법)한 글입니다. 빈칸 채우기를 통해 중요한 개념을 정리하고, 제시문의 내용을 순서대로 배열해 보는 독해 활동을 합니다.

★ 34~35쪽

밤에 일하는 사람들에 대한 정보를 원인과 결과의 관계로 설명(인과법)한 글입니다. 이야기의 주체가 누구인지 파악하고, '왜'를 묻는 문제를 통해 원인을 알아보는 독해 활동을 합니다.

★ 36~37쪽

인터넷의 쓰임새를 늘어놓으며 설명(열거법)한 글입니다. 각 문항의 내용이 제시문의 내용과 일치하는지 파악하는 독해 활동을 합니다.

★ 38~39쪽

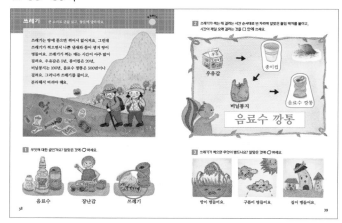

쓰레기가 썩으면서 생기는 문제점과 썩는 데 걸리는 시간을 늘어놓으며 설명(열거법)한 글입니다. 제시문에 나온 내용을 도표화하는 독해 활동을 통해 정보를 분류하는 능력은 물론 도표에 대한 기초적인 지식을 쌓도록 도와줍니다.

4장 우리 문화 편에는 단오 풍습, 돌잡이 풍습, 봉숭아로 손톱에 물을 들이는 방법, 해태의 의미에 대한 글이 나옵니다. 글감의 특성에 따라 인과법, 열거법, 정의법, 과정법으로 설명했습니다. 중심 글감을 묻는 문제를 통해 글의 주제를 파악하고, 세부 내용을 살피면서 정확한 독해력과 함께 다양한 지식 정보를 쌓게 합니다.

★ 42~43쪽

단옷날 창포물에 머리를 감는 풍습을 원인과 결과의 관계로 설명(인과법)하고, 단옷날의 다양한 풍습을 늘어놓으며 설명(열거법)한 글입니다. 원인을 파악하고 제시문에 열거된 항목을 찾아보는 독해 활동을 합니다.

★ 44~45쪽

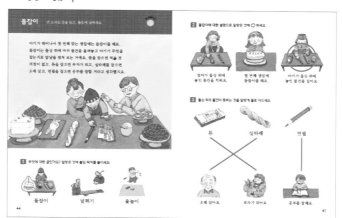

돌잡이가 무엇인지 풀이(정의법)하고, 돌상에 놓이는 물건의 의미를 늘어놓으며 설명(열거법)한 글입니다. 서로 관계있는 것끼리 바르게 연결 지어 보는 독해 활동을 통해 제시문의 내용을 정확히 이해하게 합니다.

★ 46~47쪽

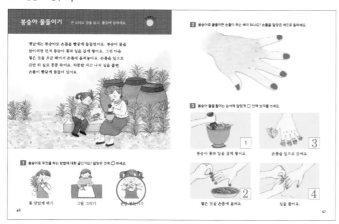

봉숭아로 손톱에 물을 들이는 과정을 단계에 따라 설명(과정법)한 글입니다. 무작위로 섞여 있는 정보를 제시문의 내용에 따라 바르게 순서 짓는 독해 활동을 합니다.

★ 48~49쪽

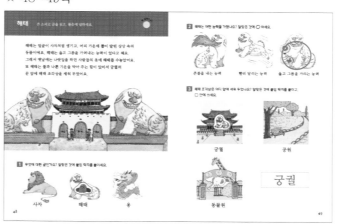

상상 속의 동물인 해태가 무엇을 의미하는지 풀이(정의법)하고, 해태의 쓰임새를 원인과 결과의 관계로 설명(인과법)한 글입니다. 제시문의 내용이 추상적이어서 인과 관계를 파악하기보다는, 해태의 의미와 쓰임새를 제대로 이해하는 독해 활동을 합니다.

해답·부모 가이드

5장 예술 편에는 인형극의 종류, 발레리나와 발레리노, 색깔의 느낌, 피아노에 대한 글이 나옵니다. 글감의 특성에 따라 정의법, 분류법, 상술법으로 설명했습니다. 중심 글감을 묻는 문제를 통해 글의 주제를 파악하고, 세부 내용을 살피면서 정확한 독해력과 함께 다양한 지식 정보를 쌓게 합니다.

★ 52~53쪽

인형극이 무엇인지 풀이(정의법)하고, 종류에 따라 나누어 설명(분류법)한 글입니다. 제시문에 나온 인형극의 종류와 그에 알맞은 설명을 바르게 연결 짓는 독해 활동을 합니다.

★ 54~55쪽

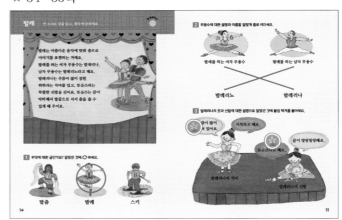

발레가 어떤 예술인지 풀이(정의법)하고, 무용수와 복장에 대해 자세히 풀어서 설명(상술법)한 글입니다. 제시문의 내용을 제대로 이해했는지 확인해 보는 독해 활동을 통해 중심 내용을 정리합니다.

★ 56~57쪽

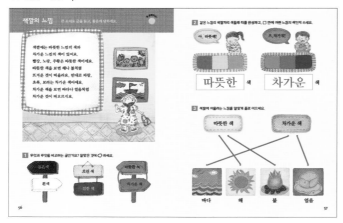

서로 다른 느낌을 주는 색깔을 종류에 따라 나누어 설명(분류법)한 글입니다. 제시문에 나온 분류 기준에 따라 색을 나누어 보는 독해 활동을 하면서 색깔에 대한 느낌을 정리합니다.

★ 58~59쪽

피아노에 대해 자세히 풀어서 설명(상술법)한 글입니다. 제시문의 내용을 제대로 이해했는지 확인해 보는 독해 활동을 통해 피아노의 생김새와 소리가 나는 원리를 알아봅니다.

2단계 **3** 지식글

되짚어 보기

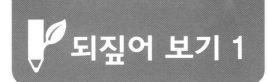

바닷가 갯벌에 가면 조개를 볼 수 있어요. 조개는 갯벌의
흙 속에 구멍을 파고 살지요. 조개는 단단한 껍데기가 있는데,
조개마다 껍데기의 모양과 색깔, 크기가 달라요. 기다란 막대
모양의 맛조개, 동글동글한 모양의 꼬막과 바지락, 길쭉한
세모 모양의 키조개가 있어요.

1 무엇에 대한 글인가요? 알맞은 것에 붙임 딱지를 붙이세요.

소라

조개

게

2 조개는 어디에 사나요? 알맞은 것에 ⭕ 하세요.

갯벌의 흙 속

풀밭의 흙 속

동굴의 흙 속

3 조개껍데기의 모양과 이름을 알맞게 줄로 이으세요.

껍데기가 길쭉한
세모 모양이에요.

껍데기가 기다란
막대 모양이에요.

껍데기가 동글동글한
모양이에요.

맛조개

키조개

꼬막

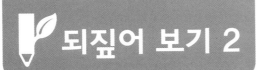

지구를 둘러싸고 있는 땅은 여러 조각으로 나누어져 있어요.
커다란 땅덩어리들이 지구 위를 아주아주 천천히 움직이고
있지요. 그러다가 땅덩어리들끼리 서로 부딪치면 지진이 나요.
지진은 땅이 흔들리는 거예요. 큰 지진이 나면 땅이 갈라져서
집이 무너져요. 또 다리나 길이 끊어져서 사람들이 많이 다쳐요.

1 무엇에 대한 글인가요? 알맞은 것에 ◯ 하세요.

태풍　　　　지진　　　　홍수

2 왜 지진이 일어난다고 했나요? 알맞은 것을 찾아 길을 따라가세요.

땅속에서 물이 나와서 땅덩어리들이 부딪쳐서 땅속에 불이 나서

3 큰 지진이 날 때 일어나는 일을 모두 골라 붙임 딱지를 붙이세요.

집이 무너져요.   비가 많이 와요.   땅이 갈라져요.

참 잘했어요!

비행기를 타면 승무원이 있어요. 승무원은 비행기
안에서 우리가 안전하고 편안하게 지내도록 도와주어요.
비행기에서 조심할 것을 알려 주고, 먹을거리나
음료수를 가져다주지요. 또 비행기 사고가 나면
어떻게 해야 하는지도 알려 주고, 구명조끼
입는 방법도 보여 주어요.

1 누구에 대한 글인가요? 알맞은 것에 ◯ 하세요.

승무원   요리사   선생님

2 이 글에 나오는 승무원은 어디에서 일하나요? 알맞은 것에 ◯ 하세요.

비행기 안

배 안

버스 안

3 승무원이 하는 일을 모두 골라 붙임 딱지를 붙이세요.

음료수를 가져다주어요.

비행기 접는 방법을 알려 주어요.

맛있는 음식을 만들어요.

구명조끼 입는 방법을 보여 주어요.

옛날에는 믹서가 없어서 맷돌로 콩이나 팥 같은 곡식을
갈았어요. 맷돌은 둥글넓적한 돌 두 짝을 포개어 만들어요.
윗돌에 난 작은 구멍에 콩을 넣고 손잡이를 돌리면 돌과 돌이
부딪치면서 콩이 곱게 갈려요. 맷돌을 돌리는 나무 손잡이는
윗돌 옆에 달아요.

1 무엇에 대한 글인가요? 알맞은 것에 ◯ 하세요.

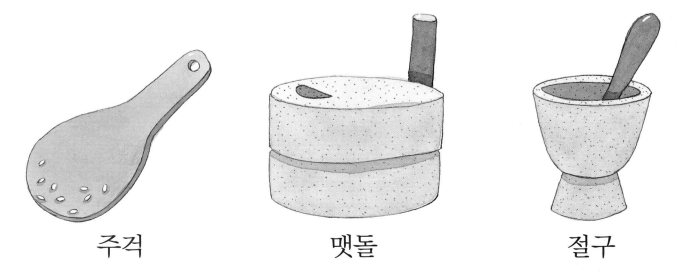

주걱   맷돌   절구

2 맷돌은 무엇을 하는 물건인가요? 알맞은 것에 붙임 딱지를 붙이세요.

곡식을 갈아요.

곡식을 삶아요.

곡식을 심어요.

3 맷돌을 바르게 사용하는 아이를 골라 ○ 안을 색칠하세요.

손잡이로 맷돌을 두드려요.

맷돌의 손잡이를 잡고 돌려요.

맷돌을 들고 내리쳐요.

참 잘했어요!

가야금은 우리나라 전통 악기예요. 긴 나무 판 위에
열두 가닥의 줄이 매어 있어요. 줄은 기러기 발처럼
생긴 나무 조각이 받치고 있어요. 가야금은 줄이
떨리면서 아름다운 소리를 내요. 오른손으로 줄을
뜯거나 퉁기고, 왼손으로 줄을 누르거나 흔들어서
연주를 해요.

1 무엇에 대한 글인가요? 알맞은 것에 붙임 딱지를 붙이세요.

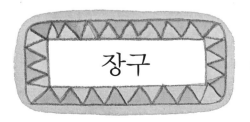 장구

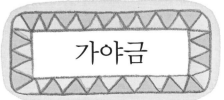 가야금

 바이올린

2 가야금의 모양을 바르게 설명한 것을 모두 골라 ○ 안을 색칠하세요.

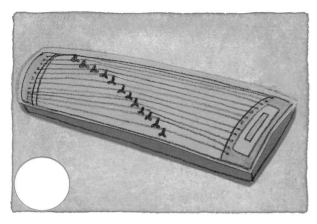

긴 나무 판 위에 줄이 매어 있어요.

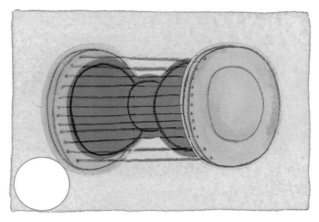

나무통에 줄이 매어 있어요.

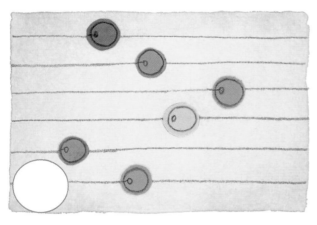

줄에 구슬이 끼워져 있어요.

나무 조각이 줄을 받치고 있어요.

3 가야금은 어떻게 연주하나요? 알맞은 것에 ○ 하세요.

손으로 줄을 뜯어요.

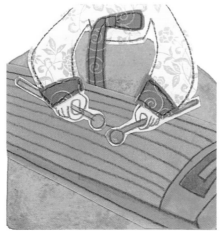

채로 줄을 두드려요.

활로 줄을 문질러요.

★ 되짚어 보기 1

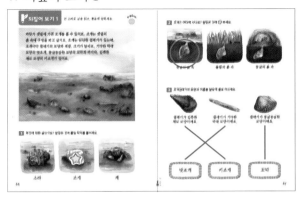

조개를 종류에 따라 나누어 설명(분류법)한 글입니다. 제시
문에 나온 조개의 종류와 그에 대한 설명을 바르게 연결 짓는
독해 활동을 합니다.

★ 되짚어 보기 3

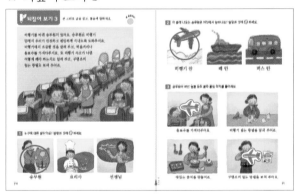

비행기 승무원의 역할을 늘어놓으며 설명(열거법)한 글입니
다. 제시문에 나온 내용을 바르게 찾아내는 독해 활동을 합
니다.

★ 되짚어 보기 5

가야금의 구조와 연주법을 자세히 풀어서 설명(상술법)한 글
입니다. 제시문의 내용을 제대로 이해했는지 확인해 보는 독
해 활동을 합니다.

★ 되짚어 보기 2

지진 현상을 원인과 결과의 관계로 설명(인과법)한 글입니
다. 지진이 일어나는 원인과 그로 인해 벌어지는 일을 파악하
는 독해 활동을 합니다.

★ 되짚어 보기 4

맷돌의 생김새와 사용법을 자세히 풀어서 설명(상술법)한 글
입니다. 제시문의 내용을 제대로 이해했는지 확인해 보는 독
해 활동을 합니다.

★ 6쪽에 붙이세요.

★ 7쪽에 붙이세요.

★ 8쪽에 붙이세요.

★ 9쪽에 붙이세요.

★ '참 잘했어요!'에 붙이세요.

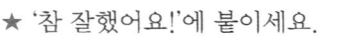

★ 13쪽에 붙이세요.

 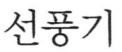

★ 15쪽에 붙이세요.

★ 24쪽에 붙이세요.

★ 27쪽에 붙이세요.

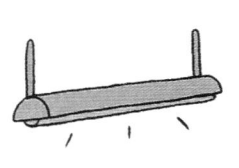  

형광등　　　스탠드　　　선풍기

★ 26쪽에 붙이세요.

전기밥솥　　　세탁기　　　전기다리미

★ 29쪽에 붙이세요.

★ 32쪽에 붙이세요.

★ 35쪽에 붙이세요.

★ 37쪽에 붙이세요.

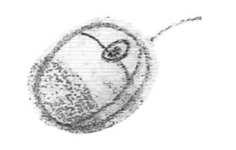
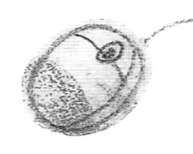

★ 39쪽에 붙이세요.

음료수 깡통 　 종이컵

★ 43쪽에 붙이세요.

★ 44쪽에 붙이세요.

★ 48쪽에 붙이세요.

★ 49쪽에 붙이세요.

★ 52쪽에 붙이세요.

★ 55쪽에 붙이세요.

★ 59쪽에 붙이세요.

★ 66쪽에 붙이세요.

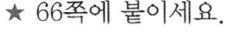

★ 69쪽에 붙이세요.

★ 71쪽에 붙이세요.

★ 73쪽에 붙이세요.

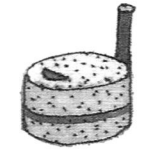

★ 74쪽에 붙이세요.